AF313061

M. SENS

ET

LE PETIT NORD.

Une polémique s'est engagée à la fin du mois de juillet dernier entre *M. Sens* et le *Petit Nord*, à l'occasion d'un service funèbre célébré dans la commune de Neuve-Chapelle en l'honneur du Prince Impérial.

À chacun des quatre premiers articles qui le mettaient directement en cause, *M. Sens* fit signifier une réponse.

Le journal refusa d'insérer la quatrième réponse de *M. Sens* et fut pour ce motif appelé devant le tribunal correctionnel de Lille.

Les lecteurs trouveront ci-après les quatre articles agressifs et injurieux du *Petit Nord*, les quatre réponses de *M. Sens*, puis de nouveaux articles dont le *Petit Nord* a poursuivi *M. Sens*, ainsi que le jugement correctionnel de Lille qui se trouve en ce moment déféré à la cour d'appel.

1er Article du PETIT NORD.

Dimanche, 27 Juillet 1879.

Béthune. — Un petit village de 770 habitants, situé à

10 kilomètres de Béthune, et perdu au milieu des bourgs importants de Laventie, Richebourg, etc., a été, lui aussi, le théâtre d'une petite manifestation bonapartiste.

On avait du reste fait les choses comme si l'on eût été dans une grande ville. 12 à 1,500 invitations avaient été lancées : 2 par personne !

70 hommes et une vingtaine de dames ont répondu à l'appel, et sont allés à l'offrande. Maigre résultat !

On a remarqué M. Saint-Clair et son *illustre* fils, M. Sens, l'ancien député blackboulé d'Arras, qui est ingénieur des mines, et enfin M. le maire et son adjoint.

Du pain a été distribué aux pauvres, et un banquet a réuni... M. St-Clair, son fils et M. Sens !!!

M. Sens, en effet, se trouvait le 21 juillet à Neuve-Chapelle. Absent d'Arras lorsqu'y arriva la nouvelle de la mort du Prince Impérial, et lorsque fut célébré à la Cathédrale le service du 27 juin, il avait tenu en rentrant dans le Pas-de-Calais, à accepter l'invitation que lui avait adressée un de ses plus anciens anciens amis pour assister au service de Neuve-Chapelle.

Transformer en manifestation politique un hommage religieux discrètement rendu à la mémoire d'un Prince aimé ;

Imaginer un banquet pour faire suite à la pieuse cérémonie ;

Faire assister à ce banquet *M. Sens* qui venait de perdre son père :

Tout cela était sans doute pour le *Petit Nord*, le comble des convenances et du bon goût...

M. Sens ne fut pas de cet avis, et adressa la rectification suivante au directeur-gérant du journal :

1re Réponse de M. SENS.

Monsieur le Directeur-Gérant,

S'il vous convient de faire intervenir ma personnalité dans les racontars de bon ou de mauvais goût que vous servez à vos lecteurs, il ne me plaît pas à moi que vous travestissiez mes actes.

Il est faux que j'aie pris part à un *banquet* le jour où je me suis rendu à Neuve-Chapelle pour assister à un service célébré pour le Prince Impérial. — Les Impérialistes laissent aux libres-penseurs et aux enfouisseurs civils le soin d'honorer leurs morts par des festins. — La vérité est que j'ai dîné ce jour-là à Neuve Chapelle chez mon hôte et vieil ami, M. Daquin-Mortreux avec sa femme, son fils, ses deux filles, M. Saint-Clair et un honorable habitant de la commune. Votre correspondant a voulu faire de cette réunion absolument intime un *banquet* : il vous a trompé.

J'ai l'honneur de vous saluer.

Ed. Sens, ancien député.

Cette réponse fut insérée dans le *Petit Nord* avec accompagnement des réflexions suivantes :

2° Article du PETIT NORD.

Samedi, 2 Août 1879.

Nous avons reçu hier, par ministère d'huissier, la lettre suivante, signée Ed. Sens, ancien député :
(Suit la teneur de la lettre qui précède).

M. Sens a vraiment bien fait de nous adresser sa lettre par l'entremise d'un ministère d'huissier. Si elle nous était parvenue simplement par la poste, nous aurions cru à une mystification.

Nous n'aurions pu supposer, en effet, qu'un ancien député, qu'un homme soucieux de sa dignité et du respect que l'on doit à ses adversaires, pût mettre son nom au bas d'un factum semblable à celui qu'on vient de lire.

Ce monsieur affiche la prétention de nous donner des leçons de bon goût, et au même instant, sans que rien puisse seulement expliquer ses injures, il adresse aux libres-penseurs les plus ineptes et les plus vulgaires outrages. M. Sens a une singulière façon d'entendre le bon goût.

Certes, il nous était loisible de refuser l'insertion d'une lettre conçue dans de tels termes.

Mais il est bon de montrer aux populations les façons de parler et d'agir de ce soi-disant représentant de la bonne société. Jolie société, ma foi !

Au fond, qu'a voulu prouver M. Sens avec tous ses gros mots ? qu'il n'a pas pris part à un *banquet*, mais qu'il a dîné en compagnie de sept personnes. Nous avions dit qu'il avait *banqueté* avec deux personnes.

En vérité cela n'est pas sérieux, et tout le monde trouvera avec nous que la lettre de ce blackboulé est absolument dépourvue de sens.

C'est à croire qu'il n'y a pas que le papier de M. Sens qui soit timbré !

Pris ainsi personnellement *M. Sens* à parti, répliqua, et alors s'établit entre lui et le journal l'échange de la correspondance suivante :

2ᵉ Réponse de M. SENS.

Arras, 1ᵉʳ Août 1879.

Monsieur le Directeur-Gérant,

Je n'ai pas l'habitude de provoquer les journaux à des polémiques personnelles : mais je n'hésite jamais à répondre à leurs attaques, et dans ce cas là, j'ai grand soin de témoigner, à mes adversaires le respect et la considération qu'ils m'ont eux-mêmes montrés.

Vous vous récriez parce que je laisse aux libres-penseurs et aux enfouisseurs civils le soin d'honorer leurs morts par des festins . Vous trouvez dans ees lignes un *inepte* et *vulgaire* outrage à l'adresse desdits libres-penseurs... Que faisiez-vous donc, Monsieur, lorsque, dans votre feuille du vingt-sept juillet, pour clore dignement vos plaisanteries, — je persiste à les qualifier d'un goût au moins douteux — sur le service funèbre de Neuve-Chapelle, vous m'accusiez d'avoir été *banqueter* à l'issu de la cérémonie. Si vous croyez être a nsi resté dans la limite *du respect que l'on doit à ses adversaires,* vous avez l'illusion ou la pretention robuste.

A votre aise, au surplus : les égards que vous aurez pour moi, je vous les rendrai, ni plus ni moins.

En ce qui concerne ma dignité personnelle, j'entends, Monsieur, rester seul juge de ce qui lui convient. Dans tous les cas, tenez pour certain que je ne la compromettrai pas en tenant compte de ce que peuvent supposer à mon endroit, vous et votre société.

J'ai l'honneur de vous saluer.

Eᴅ. Sᴇɴs, ancien député.

3ᵉ Article du PETIT NORD.

mardi, 5 Août 1879.

CORRESPONDANCE TIMBRÉE.

Il parait que l'excellent M. Sens, surnommé la terreur des huissiers, prend goût à la réclame qu'il se fait dans le *Petit Nord.* Il n'hésite pas à couvrir d'or les officiers ministériels de Lille, à seule fin de nous faire imprimer ses articles, qui, nous pouvons bien le lui avouer entre nous, ne valent pas même le sonnet d'Oronte. Après cela, c'est probablement la raison qui fait choisir à l'inéluctable M. Sens, du papier timbré pour sa *copie* : il est plus dur à caser en certain endroit.

Bref, voici la nouvelle requête (coût 13 fr. 80 c.), qu'un huissier nous a apportée hier. Jouissez, ô lecteurs !, de cette prose timbrée, mais dépourvue de sens :

(Suit la teneur de la lettre qui précède).

Eh ! bien, malgré la menace terrible faite par le dîneur dételé (1) de Neuve-Chapelle, de nous inonder de sa prose aussi timbrée que bonapartiste, et par conséquent peu polie, il ne pourra nous empêcher de constater encore une fois que nous avions absolument dit vrai, le 27 juillet dernier, et que c'est *lui-même* qui l'a fait constater officiellement par huissier, et par deux fois.

Le 27 juillet, nous avons dit que M. Sens avait *banqueté* avec *deux* personnes : lui constate qu'il a *dîné*, avec sept personnes.

Ce n'était pas la peine, ô ineffable M. Sens ! de jouer sur les mots et d'user tant de papier timbré pour dire que le *Petit Nord* avait raison et dit la vérité.

Quant aux grands airs que prend M. le blackboulé, ils ne nous imposent en aucune façon. Nous ne sommes pas sortis de la cuisse de Jupiter, c'est vrai ; mais comme nous avons pour nous l'approbation des honnêtes gens, nous avons la prétention de croire que cela vaut mieux que les appréciations, même timbrées, de n'importe quel ex-député, fût-il dépourvu de bon sens et de politesse.

G. Richardet.

3ᵉ Réponse de M. SENS.

Arras, le 4 Août 1879.

Monsieur le Directeur-Gérant,

Vous seriez fort embarrassé, je crois, pour justifier auprès de vos lecteurs les gros mots qui font les frais de la tartine que vous me consacrez dans votre feuille du 5 août.

Au *Monsieur*, qui, dans son *factum* avait qualifié de « *jolie société, ma foi !* » le monde dont il me faisait le représentant, j'avais le droit, le 1ᵉʳ août dernier, de renvoyer l'équivalent des expressions que je souligne, et de lui dire : *patere legem quam ipse fecisti.* — Je ne l'ai pas fait ; et le citoyen G. Richardet, votre substitut d'aujourd'hui, me prouve que j'ai eu

---

(1) Impossible de deviner, d'après les divers exemplaires du journal que nous avons sous les yeux, le qualificatif dont a voulu faire usage le *Petit Nord*.

grand tort : car il déclare que ma prose est *peu polie*... par comparaison, sans doute, avec la vôtre qui doit rester, à ses yeux, un modèle de convenances et d'urbanité ! — C'est l'éternelle histoire de la poutre et de la paille.

Sur le fond même du débat, j'ai, Monsieur, un mot à vous répondre : *Non vous n'avez pas dit la vérité* le 27 juillet dernier.

Ce jour-là, et sous une forme que vous avez essayé de rendre plaisante, vous avez très-nettement annoncé à vos lecteurs :

1° Qu'un banquet avait eu lieu à l'issue *de la cérémonie de Neuve-Chapelle*;

2° Que M. Sens avait pris part à ce *banquet*

Eh bien : *ces deux articulations-là étaient fausses.*

Je ne joue pas sur les mots avec la spirituelle facilité, le prodigieux à propos, que vous mettez vous, et votre substitut, à ressasser des lazzis (tout neufs !!) sur le *sens*, sur le *timbre*, sur le *papier*, je dis tout simplement ce que je veux dire :

Les deux articulations étaient fausses.

Je me figure que cela doit être compréhensible, même pour un suisse.

J'ai l'honneur de vous saluer.

Ed. Sens, ancien Député.

4ᵉ Article du PETIT NORD.

Jeudi 7 Août 1879.

TRIBUNE TINTAMARRESQUE.

Nous prions nos lecteurs de nous excuser si nous leur mettons encore aujourd'hui sous les yeux, la prose insensée de M. Sens, ex-député, qui croit probablement préparer sa réélection en entretenant le public de sa précieuse personnalité, déjà deux fois blackboulée.

Voici la prose tintamarresque et toujours *timbrée*, de l'inappréciable M. Sens :

(Suit la teneur de la lettre qui précède).

N'en déplaise à M. Sens, ce que nous avons dit, **est absolument vrai**, et c'est lui qui le prouve. Nous remettons sous les yeux de M. l'ex-député d'abord les deux lignes qui terminaient l'information sur la cérémonie de Neuve-Chapelle, dans le numéro du 27 juillet :

« On a remarqué M. Saint-Clair et son ILLUSTRE fils, M. Sens, l'ancien député blackboulé d'Arras, qui est ingénieur des mines, et enfin M. le maire et son adjoint.

» Du pain a été distribué aux pauvres, et un banquet a réuni…,. M. Saint-Clair, son fils et M. Sens!!! »

Puis, voici la fin de la première copie *timbrée* de M. l'ex-député, qui a paru dans notre numéro portant la date du 2 Août :

« La vérité est que J'AI DINÉ CE JOUR-LA A NEUVE-CHA-PELLE chez mon hôte et vieil ami, M. Daquin-Mortreux, avec sa femme, son fils, ses deux filles, M. Saint-Clair, et un honorable habitant de la commune. Votre correspondant a voulu faire de cette réunion absolument intime un banquet ; il vous a trompé. »

Notre correspondant avait écrit *banquet* au lieu de *dîner*. Il est évident, puisqu'il ne citait que trois convives, ce ne pouvait être un *banquet*, dans toute l'acception de ce mot, les lecteurs l'ont bien compris : tandis que M. Sens, nous ferait plutôt croire à un véritable pique-nique, lorsqu'il cite la kyrielle des convives avec lesquels il a… mangé.

Il plaît à M. l'ex-député de jouer sur les mots, mais cela n'empêche pas qu'il a *lui-même* et officiellement fait constater, par ministère d'huissier, que nous avions été fort bien renseigné. Toute la question est là.

Si nous n'avions pitié de la bourse de M. l'ex-député Sens, nous le prierions de bien vouloir nous expliquer l'énigme par laquelle il termine son galimatias mâtiné de latin plus ou moins de cuisine :

« *Je me figure que cela doit être compréhensible même pour un suisse.* »

Il doit y avoir beaucoup d'esprit et de sel là-dessous, mais, moi, qui ne fais pas faire mes lettres par des huissiers, ni mes discours par des secrétaires, j'avoue humblement que j'ai le cerveau trop bonapartisé pour comprendre les finesses signées par M. Sens.

Après cela il est bien probable qu'il ne les a pas comprises lui-même.

G. RICHARDET.

4e Réponse de M. SENS.

Paris, le 8 août 1879.

Monsieur le Directeur-Gérant,

Le *Petit Nord*, dans son numéro du 27 juillet dernier, a dit que le jour du service funèbre de Neuve-Chapelle :

« Un *banquet* a réuni M. Saint-Clair, son fils et M. Sens. »

A cette audacieuse assertion que vous reproduisez le 7 août

et que vous maintenez **absolument vraie,** j'oppose le démenti le plus formel, et je vous répète une dernière fois :

(1) Cela est faux.

Entendez-vous bien, M. Simon ? (ou M. Suisse, si vous le préférez...)

(2) Cela est faux.

Vous essayez de donner le change en jouant plus que jamais sur les mots, je ne dirai pas honteusement, mais du moins fort péniblement, et vous dites qu'en écrivant *banquet,* votre correspondant ne voulait pas dire banquet... dans toute l'acceptation du mot, puisqu'il ne citait que trois convives

A ce compte, que tel ou tel journal vienne dire aujour-d'hui que le banquet de Nancy a réuni deux, peut-être trois *Jules,* il ne faudra pas conclure de là qu'il y a eu le moindre banquet à Nancy, et l'on ne devra voir dans ce prétendu banquet qu'un dîner d'amis intimes !!...

Allons donc ! !

Mais enfin, répétez-vous ; M. Sens a diné à Neuve-Chapelle : il y a.. mangé. — Je ne sais si vous avez trouvé le moyen d'entretenir votre précieuse existence sans... manger ; je vous confesse que pour soutenir la mienne, je dîne tous les jours, même lorsque j'assiste à un service funèbre. — Seulement, il n'entre ni dans mes goûts, ni dans mes habitudes, de clore pareille cérémonie par un banquet. Et c'est pour cela que je vous ai adressé une première rectification dont je veux remettre le texte sous vos yeux :

« Il est faux que j'aie pris part à un *banquet* le jour où je
» me suis rendu à Neuve-Chapelle pour assister à un service
» célébré pour le Prince Impérial. »

J'ai tenu ensuite à vous dire en quelle compagnie, fort limitée, j'ai dîné ce jour-là, dans la famille d'un vieil ami, pour montrer à vos lecteurs qu'il n'y avait rien de vrai dans votre histoire de *banquet.* — Cette histoire, cependant, le *Petit Nord* affirme à nouveau qu'elle est absolument vraie. — Une pareille affirmation est une contre-vérité. J'aurais le droit de dire un premier mensonge : mais je veux rester poli.

Ce n'est pas tout. Vous avez signalé au banquet de Neuve-Chapelle la présence d'un deuxième et d'un troisième convives. — Puisque banquet, dîner, pique-nique, sont à vos yeux choses identiques, il faudrait au moins que j'eusse dîné avec les deux personnes citées. Malheureusement pour vous l'une d'elles était absente, et devant l'obstination du *Petit Nord* a soutenir l'exactitude de ses informations, je suis obligé de constater que cette seconde affirmation est une seconde contre-vérité. Je tiens toujours à rester poli.

Donc, Monsieur, vous affirmez. — Moi je nie.

Les hommes impartiaux jugeront. Je crois inutile de prolonger le débat.

D'ailleurs, s'il a pu me convenir d'entrer en discussion avec vous parce que j'ai été le collègue de M. votre père au Corps Législatif et à l'Assemblée Nationale, — j'ai eu l'honneur de prêter, comme lui, serment de fidélité à S. M. l'Empereur Napoléon III —, il ne me plaît pas de continuer la polémique avec M. G. Richardet, que je ne connais en aucune façon.

Qu'il me soit cependant permis de remercier votre rédacteur en chef de la pitié qu'il veut bien avoir pour ma bourse. Si, daignant plus tard vous occuper encore de ma personne, vous vouliez bien me donner l'assurance que j'obtiendrais officieusement de votre courtoisie ce que, pour plus de sûreté, j'ai demandé officiellement cette fois au nom de mon droit, je vous adresserais volontiers mes petites *réclames* directement sans avoir recours à l'intervention dispendieuse des officiers ministériels.

Et à propos de *réclame* je dois vous faire observer que vous me la mesurez bien parcimonieusement.

Vous m'imprimez en caractères microscopiques et vous vous donnez le luxe d'une plus large composition !

Vous me refusez le moindre alinéa, et vous vous en octroyez en abondance !

De grâce, soyez moins dûr pour ma *copie*. Faites-moi la faveur, du moins, d'une composition pareille à la vôtre et accordez-moi, pour accentuer les démentis que je vous oppose et que je souligne, — voir (1) et (2) — cet éclatant caractère gras dont vous vous servez pour mettre en lumière vos affirmations.

J'ai l'honneur de vous saluer.

Ed. Sens, ancien Député.

Cette quatrième réponse de *M. Sens* au *Petit Nord* fut signifiée par huissier au Directeur-Gérant du journal, comme l'avaient été les précédentes.

M. Gustave SIMON refusa de l'insérer et fit expliquer son refus comme il est dit ci-après :

5ᵉ **Article du PETIT NORD.**

Lundi, 11 Août 1879.

LE CAS DE M. SENS.

M. l'ex-député Sens nous adresse de nouveau, par ministère d'huissier, quatre grandes pages de copie. Malgré toute la gaîté que nous avons éprouvée à la lecture de cette prose plus timbrée que jamais, nous nous refusons absolument à l'insérer, parce que toute plaisanterie, *si sensée* qu'elle fut, doit prendre fin.

D'autant plus que des lecteurs du *Petit Nord* ayant menacé de se désabonner, si nous devions continuer à les ennuyer par la prose de M. le Blackboulé, nous serions obligé de lui demander des dommages-intérêts pour le tort considérable que sa collaboration timbrée nous occasionnerait. Or, nous ne sommes en aucune façon, disposés à entrer en relations, même par ministère d'huissier, avec M. l'ex-député.

G. RICHARDET.

Le refus d'insertion était-il LÉGAL ?

M. Sens soumit la question au jugement du tribunal correctionnel de Lille et fit assigner le *Petit Nord* pour le mercredi 20 août.

Le journal, alors, publie successivement les articles suivants auxquels *M. Sens* ne crut pas devoir répondre.

6ᵉ **Article du PETIT NORD.**

Lundi, 18 Août 1879.

LE CAS DE M. SENS.

Assignation à comparaître devant le Tribunal correctionnel de Lille.

Les bonapartistes ont toutes les audaces.

Non content de nous avoir inondé de son insupportable prose, non content de la longanimité avec laquelle nous avons accueilli ses incessantes réclamations, M. Sens, ex-député bonapartiste du Pas-de-Calais, nous assigne devant le tribunal correctionnel de Lille, parce que nous lui avons refusé l'insertion de la dernière lettre qu'il nous a adressée.

Et pour ne nous être pas empressés de donner les honneurs de la publicité à l'élucubration de ce personnage, nous devrons nous entendre condamner à lui payer 5,000 fr. de dommages-intérêts.

Bigre! M. Sens n'y va pas de main-morte. Pendant qu'il y était, il aurait pu encore ajouter un ou deux zéros au chiffre ci-dessus. Cela ne lui aurait pas coûté davantage.

Nous ne pouvons empêcher le député blackboulé du Pas-de-Calais de donner carrière à ses goûts procéduriers et de chercher à attirer un peu l'attention sur sa personnalité, à son gré trop oubliée.

Nous laissons au tribunal correctionnel de Lille le soin de le ramener à des idées plus justes sur le droit de réponse dans un journal.

M. Sens apprendra certainement, à ses dépens, que ce droit, consacré par la loi, a des limites et des règles ; qu'il est une mesure qui doit être observée, et qu'en un mot un journal, pour avoir raconté les actes d'un homme politique, ne saurait être tenu à insérer toutes les divagations auxquelles il plairait à celui-ci de se livrer, sous prétexte d'exercer son droit de réponse.

Entre l'usage et l'abus il y a une distance que M. Sens ne voit sans doute pas, mais que le tribunal correctionnel de Lille ne manquera pas de lui indiquer.

7ᵉ Article du PETIT NORD.

Jeudi, 21 Août 1879.

LE CAS DE M. SENS.

C'est aujourd'hui mercredi, que nous sommes appelés à comparoir devant le tribunal civil de première instance de Lille, assignés, ainsi que nous l'avons dit, par M. Sens, l'ex-député du Pas-de-Calais.

C'est Mᵉ Durier, membre du conseil de l'ordre des avocats de Paris et ancien secrétaire général du ministère de la justice, sous M. Dufaure, qui doit présenter la défense du *Petit Nord*.

Malheureusement, l'éminent avocat ne peut venir plaider aujourd'hui, retenu qu'il est à Paris ; d'un autre côté, notre directeur ayant quitté Lille, il y a quelques jours , pour un assez long et lointain voyage, qu'il ne pouvait différer, le *Petit Nord* se voit forcé de demander au tribunal une remise qu'il espère lui être accordée, afin de lui permettre de présenter tous ses moyens de défense, et d'être présent à l'audience lorsque viendra cette mirifique affaire, qui relèverait plutôt d'une consultation de médecins aliénistes que d'un tribunal.

C'est Me Paul de Renty, avoué à Lille, qui a été chargé de demander aujourd'hui au tribunal, la remise que nous sollicitons.

G. RICHARDET.

8e Article du PETIT NORD.

Mercredi, 27 Août.

LE CAS DE M. SENS.

Nous n'avons pas cru devoir trop insister jusqu'ici sur l'étrangeté de l'action que nous intente M. Sens, ex-député bonapartiste du Pas-de-Calais.

Cette affaire a cependant un caractère d'originalité qui ne manquerait pas d'intéresser nos lecteurs.

Mais nous ne voulons pas empiéter sur la tâche de notre défenseur, nous nous réservons de revenir en temps et lieu sur ce singulier procès.

Me Emile Durier, l'un des plus éminents avocats du barreau de Paris, avait bien voulu se charger de la défense du *Petit Nord* devant le tribunal de Lille.

Mais ses affaires et diverses circonstances qu'il est inutile d'expliquer ici ne lui permettaient pas de venir à Lille avant un certain délai, et nous avons dû demander le renvoi de cette affaire à un mois.

Le tribunal n'a cru pouvoir faire droit à notre demande que dans une certaine mesure, et il a fixé au 1er septembre l'appel de la cause.

Ne voulant pas, par déférence pour la justice faire défaut, nous nous présenterons le 1er septembre devant le tribunal.

En l'absence de M. Durier, Me Beurdeley, également avocat du barreau de Paris, dont la réputation n'est pas moindre que celle de son collègue et ami, présentera nos moyens de défense.

Nos intérêts ne pouvaient être en meilleures mains.

Forts de notre droit et de l'excellence de notre cause, confiants dans la justice et dans la sagesse de nos juges, nous attendons avec calme et sérénité le jugement qui doit être prononcé.

9e Article du PETIT NORD.

Mardi, 2 Septembre 1879.

NOTRE PROCÈS.

C'est aujourd'hui que vient devant le Tribunal de première

instance le procès que M. Sens, ex-député du Pas-de-Calais, intente au *Petit Nord*.

On se souvient dans quelles conditions ce procès nous est intenté. Le *Petit Nord* avait imprimé, sur la foi d'un de ses lecteurs, que M. Sens, après avoir assisté à une messe bonapartiste, avait *banqueté* en compagnie de trois personnes à Neuve-Chapelle.

M. Sens répondit, par papier timbré, qu'il n'avait pas *banqueté*, mais *dîné* chez son ami en compagnie de *sept personnes.*

Le *Petit Nord* inséra cette réponse, en faisant remarquer qu'au fond il avait été très-bien renseigné. Nouvelle réplique, par huissier, de M. Sens, réplique insérée, et toujours constations par nous, que le *Petit Nord* avait dit la vérité. Troisième réponse de M. Sens, encore insérée une troisième fois; le *Petit Nord* fit de nouveau remarquer qu'il avait dit *banqueté* et que M. Sens avait dit *dîné.* Tout roulait sur ce mot.

Une quatrième fois, M. Sens répondit par le ministère d'huissier, mais cette fois le *Petit Nord* refusa l'insertion de cette quatrième réplique, se basant sur ce fait que le droit de réponse avait été plus que maintenu à M. Sens, et qu'il introduisait de plus, dans le débat, des personnalités qui n'avaient rien à y voir.

M. Sens ne se tint pas pour battu et nous assigna afin de nous forcer à insérer sa prose, et demanda de plus 5,000 fr. de dommages-intérêts.

Nous avons persisté dans notre refus, ayant le droit pour nous, et nous avons confié la défense de notre cause à un éminent avocat parisien, Mᵉ Beurdeley, qui a bien voulu consentir à quitter ses nombreuses affaires pour venir défendre le *Petit Nord.*

Demain nous ferons connaître à nos lecteurs le résultat de ce procès curieux à plus d'un titre.   G. S.

10ᵉ Article du PETIT NORD.

Mercredi, 3 Septembre 1879.

NOTRE PROCÈS.

Hier, est venu devant le tribunal correctionnel de Lille, le procès intenté par M. Sens au *Petit Nord*. M. Telliez, présidait, M. Toussaint occupait le siége du ministère public. M. Sens avait confié ses intérêts à Mᵉ Théry. Nous avons dit que nous avions remis les nôtres entre les mains de Mᵉ Beurdeley, avocat à la Cour d'appel de Paris.

L'affaire a éé appelée vers une heure et demie. Les conclusions ont été présentées au nom de M. Sens. Elles reproduisent purement et simplement les termes de l'assignation.

Mᵉ Théry a pris le premier la parole au nom de son client. Il a déclaré au début que l'affaire était très simple et a donné lecture des différentes pièces, c'est-à dire des lettres de M. Sens et des réponses que nous avons faites. Il a déclaré que lorsque M. Sens était dans la vie politique il admettait qu'on le discutât, mais qu'en ce moment, il jouissait des douceurs de la vie privée et ne voulait pas en être tiré. M Sens, a t-il dit, est décidé à répondre jusqu'à ce qu il ait le dernier mot. Il sait que ses polémiques ennuient le public et il espère que les journalistes se lasseront et le laisseront tranquille.

Après avoir lu les pièces du procès, Mᵉ Théry en arrive à la lettre dont nous avons refusé l'insertion. M. Sens, dit-il, voyant la persistance du *Petit Nord*, a adressé une nouvelle réponse qu'on a refusé d'insérer. L'avocat lit cette lettre. Nous ne savons pas comment cela se fait, mais elle se trouve imprimée. Peut-être M. Sens a-t-il fait un recueil de ses œuvres complètes

Voilà, dit l'avocat, la réponse dont nous demandons l'insertion, insertion que le *Petit Nord* a refusée. Quels sont les motifs qu'on invoque à l'appui de ce refus ? Je laisse à mon adversaire le soin de nous le dire. Le droit de réponse est consacré par l'article 11 de la loi de 1822. Qui est juge de ce que doit contenir la réponse ? C'est celui qui répond. Si la loi a donné le moyen de se défendre, il lui appartient de voir ce qu'il veut répondre. Une seule restriction est apportée à ce droit, c'est lorsque la réponse contient un délit ou est injurieuse ; ces principes sont posés par la cour de cassation. Il ne s'agit pas de savoir si on a banqueté ou si on a dîné ; M. Sens peut répondre ce qu'il veut. Dans ces conditions je demande que le *Petit Nord* soit condamné à insérer la lettre de M. Sens : quant aux dommages-intérêts, je m'en remets à la sagesse du tribunal.

C'est sur ce mouvement oratoire que termine notre adversaire. Nous devons reconnaître qu'il a usé d'une grande modération, — modération que d'autres auraient bien fait d'imiter.

Ce n'est pas, bien entendu, de notre excellent ami et conseil, Mᵉ Beurdeley, que nous parlons ; car c'est impossible d'être plus modéré qu'il ne l'a été. Se tenant sur le terrain du droit, discutant pied à pied, il a élargi le débat, et, sous sa parole chaude et éloquente, le tribunal, nous en sommes convaincus, aura reconnu les accents de la vérité. Nous lui adressons, ici, tous nos remerciements avec l'expression de notre admiration pour son beau talent. Nous ne regrettons qu'une chose, c'est de ne pas avoir eu un sténographe, et de ne pouvoir donner de sa plaidoirie, qu'un pâle analyse.

« Le tribunal n'ignore pas, a-t-il dit, que Mᵉ Durier devait plaider. Des circonstances exceptionnelles, indépendantes de sa volonté, l'ont retenu loin d'ici.

Si je rappelle que c'est un de mes éminents confrères qui

devait venir à ma place, c'est pour bien indiquer que quoique l'affaire paraisse très simple à première vue, elle a vivement ému les deux fils de M. Jules Simon et leur famille. A défaut de M⁰ Durier je vous demande la permission de vous présenter des explications nécessaires. Je vous dirai pourquoi M. Gustave Simon a repoussé une prétention qu'il considérait comme excessive et que je ne crains pas de qualifier d'immorale..

Ce procès met en cause beaucoup moins M. Gustave Simon que le *Petit Nord*. Vous ne connaissez le journal que de ré putation, car jamais il n'a comparu devant vous; il m'appartient de vous le faire connaître. Fondé le 13 novembre dernier par MM. Gustave et Charles Simon, il a pris immédiatement un développement considérable puisqu'il est tiré à près de 30 mille exemplaires. Son succès exceptionnel s'explique par la nature même du journal. Le *Petit Nord* a réussi par la rapidité de ses informations; il se fait en grande partie par correspondances télégraphiques. Il doit aussi et surtout son succès à la ligne politique suivie par lui.

Beaucoup de journaux cherchent à mettre le trouble dans le camp du parti républicain; le *Petit Nord* cherche à faire l'union: il laisse de côté les personnalités; prêche la politique de conciliation et en publiant les documents permet aux lecteurs de se rendre compte de la situation du pays. Le journal dans son premier numéro a publié un programme auquel il est resté fidèle (M⁰ Beurdeley donne lecture de ce programme que nos lecteurs ont eu sous les yeux). Ce programme, le journal de M. Gustave Simon s'y est conformé spécialement en ce qui concerne M. Sens, car jamais on ne s'est livré à aucune polémique à son endroit.

Qu'est-ce donc que M. Sens? On l'a représenté comme l'homme le plus modeste du monde. Il semble qu'il se soit retiré de la vie politique pour cultiver ses champs. On a parlé de sa modestie, et par une étrange contradiction nous le voyons poursuivi par le désir de la publicité; il ne connaît pas d'autre moyen de vivre tranquille que de répondre lettres sur lettres jusqu'à ce qu'il ait réduit ses adversaires au silence. Voilà cette prétendue modestie! M. Sens m'est apparu dans ce procès comme un véritable ancien député? Qu'est-ce donc qu'un ancien député? C'est peu de chose, mais cela veut dire beaucoup. C'est un vaincu qui veut reconquérir son siége perdu et qui est désireux de rompre en toute circonstance avec un silence qui lui pèse.

Il est membre du Conseil Général et chef d'un parti, je ne dirai pas puissant mais qui a voulu faire croire qu'il l'était. Ce qui se manifeste dans le cas de M. Sens c'est cette espèce de maladie qu'on pourrait appeler la nostalgie politique.

Il a été dès lors conduit à faire ce procès dont il ne retirera aucun profit, non plus que son parti.

Mᵉ Beurdeley donne lecture de l'article du *Petit Nord*, qui a fait naître cette polémique.

« Le *Petit Nord*, dit-il, avait le droit de parler de cette manifestation bonapartiste ; laissez-moi vous dire, à propos de la mort du jeune Napoléon, malheur privé, que l'on aurait voulu transformer en malheur public, laissez-moi vous dire que le *Petit Nord* s'est tenu dans la plus grande réserve ; les journaux bonapartistes n'ont pas toujours agi de même. M. Sens doit se rappeler ce qu'écrivait, il y a trois ans, au mois de septembre, un journal bien connu de son parti : « Nous dansons sur cette tombe ; c'est vraiment la dernière fois qu'il a libéré le territoire et voilà qu'elle était l'att tude de ce parti ; c'était, assurément, la manifestation la plus anti-nationale.

Le point de départ de la polémique est bien faible ; on a dit qu'après la messe il y avait eu un banquet, auquel assistaient trois personnes. M. Sens n'a pas compris ou n'a pas voulu comprendre le sens que le journaliste donnait à ce mot. Il y a une opposition entre le nombre des personnes invitées et le nombre des assistants ; il y a une opposition entre le terme banquet et le nombre des personnes.

En rhétorique, cela s'appelle une antiphrase. Que veut-on dire par là ? Que le parti bonapartiste ne peut réunir qu'un petit nombre de personnes pour une cérémonie quelconque. Voilà ce que dit le bon sens. Cela crée t-il le droit de réponse ? Evidemment, oui, et M. Sens pouvait répondre simplement qu'il n'y avait pas de banquet, mais cela ne lui convenait pas, il voulait compliquer la question.

La première lettre est blessante. Nous entendons le droit de réponse de la façon la plus large, mais nous avions le droit de ne pas insérer cette lettre, qui contenait des expressions blessantes. De plus, elle mettait en cause les libres-penseurs, c'est-à-dire un parti tout entier. Nous avons inséré immédiatement, sans compter les heures et sans compter les lignes. Mais lorsque nous insérions des explications étaient nécessaires.

Si le droit de réponse est un droit sacré, le droit de réplique ne l'est pas moins. Nous mettons M Sens en contradiction avec lui-même, nous lui disons que s'il n'a pas banqueté avec trois personnes, il a banqueté avec sept, et nous faisons des plaisanteries qui ne touchent pas à l'honneur. Mais il faut que M. Sens déplace le débat. A peine notre article a-t-il paru, que cet homme modeste prend sa bonne plume et envoie une seconde lettre, qui n'est que la reproduction de la première.

Mᵉ Beurdeley donne lecture de cette nouvelle lettre et de la réponse faite par le journal sous la signature de M. Richardet.

Notre avocat continue :

M. Sens ne veut pas avoir pour adversaire M. Richardet, il

veut directement avoir affaire à M. Gustave Simon qui porte le nom d'un des hommes politiques les plus respectés.

Il semblait que tout fut fini, mais M. Sens revient sur ses premières affirmations et il ajoute : « cela est compréhensible même pour un Simon. » Qu'est-ce que cela voulait dire ? Quelle nouvelle plaisanterie ou quelle nouvelle injure avait-il inventée ? Nous pouvions ne pas insérer, nous avons néanmoins publié.

Voilà les trois premières lettres et les réponses ; vous voyez de quel côté est la modération.

Arrive la quatrième lettre. Cette fois M. Sens s'attaque directement à M. Jules Simon, père de M. Gustave Simon.

M. Beurdeley donne lecture de la lettre que nous avons refusé d'insérer et de deux articles publiés par le journal postérieurement à l'assignation.

M. Sens avait-il le droit de répondre encore ou n'avait-il pas pas épuisé le droit que lui donnait la loi de 1822.

Me Beurdeley estimant d'ailleurs que cette polémique ne pouvait s'éterniser, ajoute que le *Petit Nord* entend accorder le droit de réponse de la façon la plus libérale mais non pas, jusqu'à l'abus, jusqu'aux paroles blessantes, soit contre le journaliste lui-même, soit contre des tiers Il cite divers arrêts de la Cour de cassation qui confirment cette doctrine.

M. Sens ne s'est pas contenté de paroles offensantes à l'endroit de M. Gustave Simon, il a fait intervenir dans les débats une personne qui y était et qui devait y rester complètement étrangère. Avec une perfidie sans exemple, M. Sens invoque la personne de M. Jules Simon, multiplie à son endroit les propos les p'us inconvenants et prétend obliger M. Gustave Simon à se faire l'instrument de ses rancunes personnelles. On comprend dès lors le sentiment respectable auquel M. Gustave Simon a obéi en refusant de reproduire la quatrième lettre de M. Sens.

Le tribunal ne pourra pas ordonner l'insertion d'une pareille lettre contrairement aux prescriptions les plus vulgaires de la morale.

Après un réplique de Me Théry et le réquisitoire du ministère public, sur lequel nous croyons devoir suspendre notre jugement, Me Beurdeley a rétabli la question sur le véritable terrain juridique, nous aurons au surplus l'occasion de revenir sur la fin de cette audience, dont nous ne pouvons, dès aujourd'hui, faute de place donner la physionomie complète.

Le tribunal a renvoyé le prononcé de son jugement à une prochaine audience.

11° Article du PETIT-NORD.

Dimanche 14 septembre 1879.

NOTRE PROCÈS.

Dans son audience d'hier vendredi, le tribunal de Lille a rendu son jugement dans l'instance qui nous était intentée par M. Sens, ex-député du Pas-de-Calais.

Voici un extrait des dispositifs de ce jugement :

Le Tribunal,

Déclare Gustave Simon coupable d'avoir contrevenu à l'art· 11 de la loi du 25 mars 1822, mais avec circonstances atténuantes.

Et vu ledit article et l'article 463, le condamne à une amende de 16 francs ;

Statuant sur les conclusions de la partie civile,

Condamne Gustave Simon à insérer dans le plus prochain numéro du journal « Le Petit Nord » qui suivra le présent jugement, la lettre qui lui a été notifiée le 9 août dernier, à peine de 50 francs d'amende par jour de retard.

Sur les dommages-intérêts.

Attendu que pour partie au moins Sens a donné raison au refus d'insertion et qu'il ne justifie d'ailleurs d'aucun préjudice appréciable.

Condamne G. Simon aux frais pour tous dommages-intérêts.

On voit que le tribunal, loin d'admettre la prétention de M. Sens, ne nous a condamnés, pour tous dommages-intérêts, qu'aux frais du procès. M. Sens nous réclamait 5,000 francs ; le tribunal ne lui alloue pas un centime.

De plus, le jugement ordonne la suppression des passages relatifs à une tierce personne qui n'avait rien à faire dans cette polémique.

Quoique le résultat de ce procès nous donne presque entièrement raison, nous avons immédiatement interjeté appel devant la cour de Douai.

Fort de ce que nous pensons être notre droit, nous ne voulons pas rester sous le coup de cette condamnation, si minime qu'elle soit.

Nous nous réservons d'apprécier, dans notre prochain numéro, le jugement qui vient de nous frapper. Nous reviendrons également sur quelques détails d'audience, tout au moins singuliers, que nous avions cru jusqu'ici devoir passer sous silence.

12ᵉ Article du PETIT NORD.

Lundi, 15 Septembre 1879.

NOTRE PROCÈS.

Le dicton populaire prétend que l'on a vingt-quatre heures pour maudire ses juges. Si nous revenons sur notre procès, au lendemain du jugement, ce n'est point pour maudire ces messieurs du tribunal, mais plutôt pour les remercier, puisque leur jugement reconnaît, en somme, que nous avons eu raison de refuser l'insertion de la réponse injurieuse de M. Sens, le jugement ordonnant que ces injures soient retranchées.

Mais, malgré tout le respect que nous devons à la justice et à la chose jugée (quoiqu'elle ne le soit pas définitivement, puisque nous allons en appel), il nous est impossible de ne pas faire remarquer la contradiction flagrante qui existe dans ce jugement, lequel nous donnant raison de n'avoir pas inséré des phrases injurieuses pour un tiers, en ordonne le retranchement dans la lettre, mais en les intercalant dans le jugement que nous sommes condamnés à insérer !!!

Il était bien plus simple alors, de nous condamner purement et simplement à insérer la lettre de M. Sens telle qu'il nous l'avait adressée.

Nous n'insisterons pas sur les autres dispositifs qui sont tout aussi étranges et nous dirons que l'impression de l'opinion publique est tout à fait en notre faveur. Hier matin, notre excellent confrère le *Progrès du Nord*, en reproduisant ce jugement, le faisait suivre des commentaires suivants :

Ce jugement, s'il était définitif, inaugurerait, en matière de presse, une jurisprudence qui ne nous semblerait conforme ni à l'esprit de la loi, ni à l'interprétation des tribunaux. Aussi sommes-nous heureux d'apprendre que M. E. de Renty, avoué du PETIT NORD, a formé immédiatement appel. La question intéresse la presse entière.

Nous attendrons donc, confiants en la Cour d'Appel, que le jugement soit rendu conformément aux nombreux précédents cités par notre éloquent défenseur, Mᵉ Beurdeley, dans sa brillante plaidoierie.

Maintenant que le jugement est rendu, il nous est permis de revenir en toute liberté, et sans crainte de manquer de déférence à dame Thémis, sur le curieux incident qui s'est produit à l'audience, et qui a non-seulement profondément étonné, mais désagréablement impressionné l'auditoire. Nous voulons parler de l'étrange plaidoierie de M. le substitut Toussaint, saisissant l'occasion de faire une manifestation politique dans une affaire où la politique n'avait rien à voir, et, développant la thèse du plébiscite, avec une désinvolture véritablement choquante, chez un magistrat qui émarge au budget de la République.

Son réquisitoire, qui a été une très-belle plaidoirie en faveur de M. Sens, qu'il a certes mieux défendu que son avocat, a été d'un bout à l'autre une thèse politico-comique, dont on ne peut se faire une idée si on ne l'a pas entendue.

Prétendant que nous avions voulu ridiculiser la manifestation pieuse à laquelle M. Sens avait assisté (la messe funéraire en l'honneur de l'ex-Prince Impérial), parce que nous avions parlé de la présence de M. Saint-Clair, fils — ce garçon boucher qui menaça de tuer M. Gambetta, pour le faire chanter — il parla en termes attendris de ce jeune bonapartiste qu'il appelle *pauvre garçon, malheureux jeune homme*, probablement parce que le tribunal l'avait condamné à la prison.

Puis, il défendit la théorie du plébiscite, en disant que si M. Jules Simon avait *évolué* vers la République, c'est que ses opinions l'avaient porté de ce côté-là, tandis que la *sagesse politique* de M. Sens consistait à attendre que la nation se prononçât, d'une façon définitive, sur la forme du gouvernement qui lui plaisait le mieux.

Parlant de MM. Jules Simon, Jules Ferry et Jules Grévy, il plaisanta agréablement *les trois Jules*, prétendant que cette affaire devait être traitée avec une *certaine gaieté*. Un instant nous crûmes qu'il allait entonner un refrain d'Offenbach ou de Lecocq.

Mon Dieu, nous ne sommes pas plus rigoristes qu'il ne le faut, mais en vérité, si sous l'Empire, un substitut impérial se fût permis de se moquer aussi agréablement, des personnages importants de l'Etat, il est probable qu'il eût été destitué dans les vingt-quatre heures. Ceci n'est pas un blâme, mais une simple constatation que cette pauvre République n'est pas aussi méchante que les réactionnaires veulent bien le crier.

Pas assez méchante même et trop faible, dirons-nous, lorsqu'elle supporte que ses adversaires, se pelotonnant dans les meilleures places, palpant religieusement les émoluments qu'elle leur paie généreusement, se moquent d'elle en plein tribunal, et compromettent même la dignité et le respect dûs à la magistrature.

Certes, un murmure d'étonnement, pour ne pas dire d'indignation, a couru comme un frémissement dans le nombreux auditoire et la conscience publique a été bien vengée, lorsque l'éminent Me Beurdeley, dans une courte mais écrasante réplique, a dit qu'il ne s'était pas attendu à trouver *tant de légèreté* chez un magistrat, et que ce débat, grave à son début, devenait bien plus grave maintenant, après un semblable réquisitoire. N'était le respect dû à la justice, l'auditoire eût éclaté en applaudissements.

Il paraît que M. Toussaint est un jeune, qui tient à per-

cer, et qui cherche les occasions de tirer son « coup de pisto-
let » afin d'attirer l'attention sur lui. On nous a dit, qu'il y
a quelque temps déjà, à propos de bris de vitres fait à coups
de cailloux par des enfants, qui n'avaient pas plus ménagé
les vitres libres-penseuses que les vitres religieuses — ne
leur ayant pas demandé leurs opininions au préalable — il
avait trouvé moyen de faire un violent réquisitoire sur les
mauvais instincts qui perçaieut chez ces enfants, s'attaquant
de préférence aux vitres catholiques. C'était au moins puéril.
Mais c'était une profession de foi cléricale. Lors de notre
procès, il a profité de l'occasion pour faire sa profession de
foi bonapartiste. Peut-être croit-il que cela sera favorable à
son avancement.

G. RICHARDET.

13ᵉ Article du PETIT NORD.

Mardi, 23 Septembre.

NOTRE PROCÈS.

Sous ce titre : *Le droit de réponse en matière de presse*, nous
lisons dans la *France* :

On sait que le *Petit Nord*, journal politique de Lille, est
rédigé par M. Richardet et dirigé par M. Gustave Simon,
fils de M. Jules Simon, sénateur et ancien ministre.

On sait aussi que M. Sens, ancien député au Corps législatif et à l'Assemblée nationale, battu en 1876, élu en dé-
cembre 1877, invalidé, n'a définitivement pas été renommé
dans le Pas-de-Calais.

Le 27 juillet dernier, le *Petit Nord* raconta que M. Sens
avait, au retour d'une messe célébrée à Neuve-Chapelle pour
la mort du Prince Impérial, assisté à *un banquet bonapartiste, composé de trois personnes.*

Le 1ᵉʳ août suivant, M. Sens écrivit par huissier au *Petit
Nord*, pour lui dire qu'il n'y avait pas eu de banquet politique
à Neuve-Chapelle, mais un dîner *intime composé de sept
personnes.*

Le journaliste inséra la lettre et y ajouta quelques commentaires.

L'ancien député répondit de nouveau par huissier.

Le journaliste inséra de nouveau avec des commentaires.

L'ancien député voulut continuer par une lettre contenant
des allégations blessantes pour M. Jules Simon.

M. Gustave Simon, directeur du *Petit Nord*, refusa de mettre dans son journal des injures contre son père, d'ailleurs,
étranger à la discussion.

L'ancien député assigna le journaliste devant le tribunal de Lille, présidé par M. Telliez, avec M. Toussaint comme ministère public, en insertion de sa lettre et en 5,000 fr. de dommages intérêts.

Me Théry a plaidé pour M. Sens, et Me Beurdeley, du barreau de Paris, pour M. Gustave Simon.

Le tribunal vient d'ordonner l'insertion de la lettre de l'ancien député dans le *Petit Nord*, mais après suppression des passages relatifs à une tierce personne, et de condamner M. Gustave Simon aux frais pour tous dommages intérêts.

Le *Petit Nord* fait appel de ce jugement devant la Cour de Douai, ne voulant pas, dit il. rester sous le coup de cette condamnation, si minime qu'elle soit.

M. l'ancien député va pouvoir encore une fois soigner sa maladie, que Me Beurdeley a si bien décrite sous le nom de *nostalgie politique.*

Jugement du tribunal correctionnel de Lille.

Attendu que nommé dans un article du journal le *Petit Nord* en date du 27 juillet 1879, Sens a, conformément aux dispositions de l'art. 11 de la loi du 25 mars 1822, exercé son droit de réponse ;

Attendu que cette première réponse et une deuxième ayant été suivies de commentaires, Sens a notifié une deuxième et une troisième lettre qui ont été insérées comme la première ;

Attendu que cette troisième lettre ayant été encore l'objet d'observations du journaliste, Sens a de nouveau notifié une réponse dont le *Petit Nord* a refusé l'insertion, donnant pour seule raison que « les lecteurs du journal menaçaient de se » désabonner si la rédaction continuait à les ennuyer de la » prose de M. Sens. »

Attendu qu'en agissant ainsi G. Simon, directeur-gérant du *Petit Nord*, a méconnu le droit qu'il a lui-même créé au profit de Sens ;

Qu'il est constant, en effet, que les commentaires dont un journal accompagne une réponse ouvrent au profit de la personne dénommée le droit à une nouvelle réponse, et que l'article qui a suivi la troisième lettre de Sens était au premier chef de ceux qui font naître ce droit, Sens s'y trouvant dénommé et désigné avec une nouvelle affirmation du dire dont il contestait l'exactitude ;

Qu'il en faut conclure que Simon a contrevenu à la loi sur le droit de réponse ;

Mais attendu qu'à l'audience Simon allègue que la réponse dont il a refusé l'insertion contient des expressions injurieuses pour lui et pour son père.

En ce qui concerne les expressions qui le touchent personnellement ;

Attendu qu'elles s'expliquent par celles dont le journaliste s'est servi lui-même et qu'elles n'ont d'ailleurs rien de répréhensible, bien que manquant de mesure ;

En ce qui regarde les expressions injurieuses qui s'adresseraient à Simon père ;

Attendu qu'il n'est pas admissible qu'elles trouvent place dans un débat auquel celui-ci est étranger ;

Qu'il n'est pas douteux qu'en disant une première fois « cela doit être compréhensible même pour un Suisse » puis en répétant dans la lettre dont l'insertion est demandé, « Entendez-vous M. Simon ou M. Suisse si vous le préférez, » Sens a eu en vue la critique injurieuse d'un acte émanant du père ;

Qu'il a fait de même lorsqu'il a dit plus loin « j'ai eu l'honneur de prêter comme lui serment de fidélité à S. M. l'Empereur Napoléon III » ;

Qu'il a voulu ainsi atteindre le fils en visant le père, et qu'il serait contraire à la morale d'obliger G. Simon à publier des insinuations malveillantes dirigées contre son père ;

Attendu que si G. Simon avait inséré la lettre litigieuse en retranchant ces expressions, ou offert l'insertion sauf retrait desdites expressions, il eut satisfait dans la mesure voulue aux prescriptions de la loi sur le droit de réponse ;

Le Tribunal

Déclare G. Simon coupable d'avoir contrevenu à l'art. 11 de la loi du 25 mars 1822, mais avec circonstances atténuantes,

Et vu ledit article, l'art. 463 du Code pénal et l'art. 194 du Code d'instruction criminelle, ainsi conçus ;

Condamne ledit Gustave Simon par corps à une amende de 16 francs ;

Fixe à deux jours la durée de la contrainte par corps ;

Et statuant sur les conclusions de la partie civile,

Condamne G. Simon a insérer dans le plus prochain numéro du journal le *Petit-Nord* qui suivra le présent jugement la lettre qui lui a été notifiée le 9 août dernier, à peine de 50 francs par chaque jour de retard ;

Dit toutefois que de cette lettre seront retranchées les expressions : « ou M. Suisse si vous le préférez » et « j'ai eu l'honneur de prêter, comme lui, serment de fidélité à S. M. l'Empereur » ;

Sur les dommages et intérêts,

Attendu que pour partie au moins Sens a donné raison au refus d'insertion et qu'il ne justifie d'ailleurs d'aucun préjudice appréciable ;

Condamne G. Simon aux frais pour tous dommages-intérêts, — frais dont la partie civile sera tenu, sauf recours ;

Ordonne que le présent jugement sera, dans la huitaine de sa signification, inséré *in extenso* dans le journal le *Petit-Nord* aux frais dudit.

12 septembre 1879.

TELLIEZ, juge, président; GENTIL, juge ; BOBLED, juge-suppléant; TOUSSAINT, substitut; DUEZ, commis-greffier.

ARRAS. — Imprimerie DE SÈDE et Cᵒ.

9 782014 049411